Human Dreaming
Journal

Britt Sheflin C.Ht.

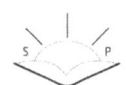

Human Dreaming Journal. Britt Sheflin C.Ht.
ISBN: 978-0-6489994-1-6
Copyright © Britt Sheflin. All rights reserved.
First published in Australia by Sunshine Press in 2020
Cover design by James Hickey and Fiverr-Priticreative
Cover photo by Alex Azabache from Pexels
Book design by Connie Berg
Interior graphics by Fiverr-Riyanindras

Human Dreaming

Journal

Quick Start Guide

By writing out and breaking down our dreams into their component parts, we peer into a deep well of knowledge that is stored in the subconscious, and build the foundation for collaboration between the conscious and subconscious mind.

The following are the questions we ask ourselves in order to break a dream down into its seven component parts.

1. Dream type
    a. What portion of my sleep cycle did this dream occur?
    b. Sorting, Predictive, or Releasing/Reinforcing?
    c. Are there considerations around my recent sleep patterns that may need to be factored in?
2. Dream subtype
    a. Was it a scary, or happy dream?
    b. Is the dream recurring?
    c. Is there anything unusual that stands out, such as being in a different time?
3. Physiological/Psychological
    a. Were there any external factors that might have entered my dream, such as a knock at the door, or a pet climbing into bed?
    b. Did the dream have a clear beginning, middle, and end with changing emotions?
    c. Are there any substances that may have affected the content of my dreams?

4. Emotions
    a. What emotions did I experience at the beginning, middle, and end of the dream?
    b. Where else in my life have I experienced these emotions in that order?
    c. Do these emotions make more sense when viewed through the lens of your dream type, subtype, and the physiological/psychological aspects?
5. Literal & Symbolic aspects
    a. Are you yourself in the dream?
    b. Are you your current age?
    c. Is the dream set in the present day?
6. Keywords and phrases
    a. Are there any affecting words that stand out? Affecting words might be ones you use several times, or ones that pertain to the emotions experienced. Some common affecting words are: love, hate, work, home, child, adult, etc.
    b. Are there any phrases that stand out? These are often cliches from your culture, such as: barking up the wrong tree, standing on shaky ground, the whole hog, etc.
    c. Do any of the keywords or phrases stand out as being literal or symbolic? If so, you may add them to those columns.
7. Visual overview and conclusion
    a. Draw your dream and see if any new details emerge that help to inform the previous six steps.

b. With all seven components now in front of you, are you able to see what emotions and experiences the dream is about? What does this information tell you? How can you use this information to help yourself?

We may also need to ask clarifying questions about our waking life, in order to understand the significance of information that falls outside of the "rules." Some examples of clarifying questions are:

- Have my sleep cycles been normal recently, or have I been getting too much or too little sleep?
- If my sleep cycles or sleep quality have been disrupted, how might this have affect my dream types?
- What has been going on in my life that might have caused this dream to occur now?
- Have I been consuming any substances that may be intensifying or altering my dreams?
- If my dreams are frequently overly intense, or I'm waking up sweating and shaking, but my blood sugar is stable, what other physiological causes might there be? Have I told my doctor about these symptoms?
- Do my dreams tend to lean more towards the literal or symbolic, and how might knowing that help me understand my dreams?
- How might my personal, cultural, and/or religious beliefs be expressed in my dreams?

How to use the sections of the journal:
- Write your dream out first
- Circle or highlight the time and am/pm
- Determine dream type & subtype
- Circle, highlight, or check physiological/psychological
- Note the emotions at the beginning, middle, and end of the dream
- Sort literal and symbolic aspects
- Highlight or underline keywords and phrases
- Option to draw your dream and see if additional details emerge
- Using all of the information from the previous steps, write a conclusion about the origin and/or meaning of your dream.

Thank you for purchasing the Human Dreaming Journal. To learn more about all things dreamy, be sure to read the Human Dreaming book, listen to our podcast, and join us on social media.

Happy dreaming, Britt

MY DREAM

DREAM TYPE:												SUBTYPE(S):			
1	2	3	4	5	6	7	8	9	10	11	12		15/30/45		AM/PM
PHYSIOLOGICAL												**PSYCHOLOGICAL**			

EMOTIONS

BEGINNING	MIDDLE	END
LITERAL:	**SYMBOLIC:**	**KEYWORDS & PHRASES**
•	•	•
•	•	•
•	•	•
•	•	•
•	•	•

VISUAL OVERVIEW

CONCLUSION

MY DREAM

DREAM TYPE:											**SUBTYPE(S):**			
1	2	3	4	5	6	7	8	9	10	11	12	15/30/45		AM/PM
PHYSIOLOGICAL							**PSYCHOLOGICAL**							

EMOTIONS

BEGINNING	MIDDLE	END
LITERAL:	**SYMBOLIC:**	**KEYWORDS & PHRASES**
•	•	•
•	•	•
•	•	•
•	•	•
•	•	•

VISUAL OVERVIEW

CONCLUSION

MY DREAM

DREAM TYPE:											SUBTYPE(S):			
1	2	3	4	5	6	7	8	9	10	11	12		15/30/45	AM/PM
PHYSIOLOGICAL											**PSYCHOLOGICAL**			

EMOTIONS

BEGINNING	MIDDLE	END
LITERAL:	**SYMBOLIC:**	**KEYWORDS & PHRASES**
•	•	•
•	•	•
•	•	•
•	•	•
•	•	•

VISUAL OVERVIEW

CONCLUSION

MY DREAM

DREAM TYPE:												SUBTYPE(S):			
1	2	3	4	5	6	7	8	9	10	11	12		15/30/45		AM/PM
PHYSIOLOGICAL												**PSYCHOLOGICAL**			

EMOTIONS

BEGINNING	MIDDLE	END
LITERAL:	**SYMBOLIC:**	**KEYWORDS & PHRASES**
•	•	•
•	•	•
•	•	•
•	•	•
•	•	•

VISUAL OVERVIEW

CONCLUSION

MY DREAM

DREAM TYPE:											SUBTYPE(S):				
1	2	3	4	5	6	7	8	9	10	11	12		15/30/45		AM/PM
PHYSIOLOGICAL											**PSYCHOLOGICAL**				
EMOTIONS															
BEGINNING							MIDDLE						END		
LITERAL:							**SYMBOLIC:**						**KEYWORDS & PHRASES**		
•							•						•		
•							•						•		
•							•						•		
•							•						•		
•							•						•		

VISUAL OVERVIEW

CONCLUSION

MY DREAM

DREAM TYPE:												SUBTYPE(S):		
1	2	3	4	5	6	7	8	9	10	11	12		15/30/45	AM/PM
PHYSIOLOGICAL												**PSYCHOLOGICAL**		

EMOTIONS

BEGINNING	MIDDLE	END
LITERAL:	**SYMBOLIC:**	**KEYWORDS & PHRASES**
•	•	•
•	•	•
•	•	•
•	•	•
•	•	•

VISUAL OVERVIEW

CONCLUSION

MY DREAM

DREAM TYPE:												SUBTYPE(S):		
1	2	3	4	5	6	7	8	9	10	11	12	15/30/45		AM/PM
PHYSIOLOGICAL												**PSYCHOLOGICAL**		

EMOTIONS

BEGINNING	MIDDLE	END
LITERAL:	**SYMBOLIC:**	**KEYWORDS & PHRASES**
•	•	•
•	•	•
•	•	•
•	•	•
•	•	•

VISUAL OVERVIEW

CONCLUSION

MY DREAM

DREAM TYPE:											**SUBTYPE(S):**			
1	2	3	4	5	6	7	8	9	10	11	12		15/30/45	AM/PM
PHYSIOLOGICAL							**PSYCHOLOGICAL**							

EMOTIONS

BEGINNING	MIDDLE	END
LITERAL:	**SYMBOLIC:**	**KEYWORDS & PHRASES**
•	•	•
•	•	•
•	•	•
•	•	•
•	•	•

VISUAL OVERVIEW

CONCLUSION

MY DREAM

DREAM TYPE:											SUBTYPE(S):			
1	2	3	4	5	6	7	8	9	10	11	12	15/30/45	AM/PM
PHYSIOLOGICAL											**PSYCHOLOGICAL**			

EMOTIONS

BEGINNING	MIDDLE	END
LITERAL:	**SYMBOLIC:**	**KEYWORDS & PHRASES**
•	•	•
•	•	•
•	•	•
•	•	•
•	•	•

VISUAL OVERVIEW

CONCLUSION

MY DREAM

DREAM TYPE:									SUBTYPE(S):				
1	2	3	4	5	6	7	8	9	10	11	12	15/30/45	AM/PM
PHYSIOLOGICAL									**PSYCHOLOGICAL**				

EMOTIONS

BEGINNING	MIDDLE	END
LITERAL:	**SYMBOLIC:**	**KEYWORDS & PHRASES**
•	•	•
•	•	•
•	•	•
•	•	•
•	•	•

VISUAL OVERVIEW

CONCLUSION

MY DREAM

_____
....
....
....
....
....
....
....
....
....
....
....
....
....
....
....
....
....
....
....

DREAM TYPE:										**SUBTYPE(S):**			
1	2	3	4	5	6	7	8	9	10	11	12	15/30/45	AM/PM
PHYSIOLOGICAL							**PSYCHOLOGICAL**						

EMOTIONS

BEGINNING	MIDDLE	END
LITERAL:	**SYMBOLIC:**	**KEYWORDS & PHRASES**
•	•	•
•	•	•
•	•	•
•	•	•
•	•	•

VISUAL OVERVIEW

CONCLUSION

MY DREAM

DREAM TYPE:												SUBTYPE(S):		
1	2	3	4	5	6	7	8	9	10	11	12	15/30/45		AM/PM
PHYSIOLOGICAL												**PSYCHOLOGICAL**		

EMOTIONS

BEGINNING	MIDDLE	END
LITERAL:	SYMBOLIC:	KEYWORDS & PHRASES
•	•	•
•	•	•
•	•	•
•	•	•
•	•	•

VISUAL OVERVIEW

CONCLUSION

MY DREAM

DREAM TYPE:											SUBTYPE(S):			
1	2	3	4	5	6	7	8	9	10	11	12	15/30/45	AM/PM

PHYSIOLOGICAL	PSYCHOLOGICAL

EMOTIONS

BEGINNING	MIDDLE	END
LITERAL:	**SYMBOLIC:**	**KEYWORDS & PHRASES**
•	•	•
•	•	•
•	•	•
•	•	•
•	•	•

VISUAL OVERVIEW

CONCLUSION

MY DREAM

DREAM TYPE:							SUBTYPE(S):					
1	2	3	4	5	6	7	8	9	10	11	12	15/30/45	AM/PM

PHYSIOLOGICAL	PSYCHOLOGICAL

EMOTIONS

BEGINNING	MIDDLE	END
LITERAL:	**SYMBOLIC:**	**KEYWORDS & PHRASES**
•	•	•
•	•	•
•	•	•
•	•	•
•	•	•

VISUAL OVERVIEW

CONCLUSION

MY DREAM

DREAM TYPE:												SUBTYPE(S):			
1	2	3	4	5	6	7	8	9	10	11	12		15/30/45		AM/PM
PHYSIOLOGICAL												**PSYCHOLOGICAL**			

EMOTIONS

BEGINNING	MIDDLE	END
LITERAL:	**SYMBOLIC:**	**KEYWORDS & PHRASES**
•	•	•
•	•	•
•	•	•
•	•	•
•	•	•

VISUAL OVERVIEW

CONCLUSION

MY DREAM

DREAM TYPE:											SUBTYPE(S):				
1	2	3	4	5	6	7	8	9	10	11	12		15/30/45		AM/PM
PHYSIOLOGICAL										**PSYCHOLOGICAL**					

EMOTIONS

BEGINNING	MIDDLE	END
LITERAL:	**SYMBOLIC:**	**KEYWORDS & PHRASES**
•	•	•
•	•	•
•	•	•
•	•	•
•	•	•

VISUAL OVERVIEW

CONCLUSION

MY DREAM

DREAM TYPE:												**SUBTYPE(S):**		
1	2	3	4	5	6	7	8	9	10	11	12		15/30/45	AM/PM
PHYSIOLOGICAL								**PSYCHOLOGICAL**						

EMOTIONS

BEGINNING	MIDDLE	END
LITERAL:	**SYMBOLIC:**	**KEYWORDS & PHRASES**
•	•	•
•	•	•
•	•	•
•	•	•
•	•	•

VISUAL OVERVIEW

CONCLUSION

MY DREAM

DREAM TYPE:											SUBTYPE(S):			
1	2	3	4	5	6	7	8	9	10	11	12		15/30/45	AM/PM
PHYSIOLOGICAL											**PSYCHOLOGICAL**			

EMOTIONS

BEGINNING	MIDDLE	END
LITERAL:	**SYMBOLIC:**	**KEYWORDS & PHRASES**
•	•	•
•	•	•
•	•	•
•	•	•
•	•	•

VISUAL OVERVIEW

CONCLUSION

MY DREAM

DREAM TYPE:												SUBTYPE(S):			
1	2	3	4	5	6	7	8	9	10	11	12	15/30/45			AM/PM
PHYSIOLOGICAL												**PSYCHOLOGICAL**			

EMOTIONS

BEGINNING — MIDDLE — END

LITERAL:	SYMBOLIC:	KEYWORDS & PHRASES
•	•	•
•	•	•
•	•	•
•	•	•
•	•	•

VISUAL OVERVIEW

CONCLUSION

MY DREAM

DREAM TYPE:	SUBTYPE(S):		
1 2 3 4 5 6 7 8 9 10 11 12		15/30/45	AM/PM
PHYSIOLOGICAL		**PSYCHOLOGICAL**	

EMOTIONS

BEGINNING	MIDDLE	END
LITERAL:	SYMBOLIC:	KEYWORDS & PHRASES
•	•	•
•	•	•
•	•	•
•	•	•
•	•	•

VISUAL OVERVIEW

CONCLUSION

MY DREAM

DREAM TYPE:											SUBTYPE(S):			
1	2	3	4	5	6	7	8	9	10	11	12	15/30/45	AM/PM
PHYSIOLOGICAL											**PSYCHOLOGICAL**			

EMOTIONS

BEGINNING	MIDDLE	END
LITERAL:	**SYMBOLIC:**	**KEYWORDS & PHRASES**
•	•	•
•	•	•
•	•	•
•	•	•
•	•	•

VISUAL OVERVIEW

CONCLUSION

MY DREAM

DREAM TYPE:											SUBTYPE(S):			
1	2	3	4	5	6	7	8	9	10	11	12	15/30/45	AM/PM
PHYSIOLOGICAL											**PSYCHOLOGICAL**			

EMOTIONS

BEGINNING	MIDDLE	END
LITERAL:	SYMBOLIC:	KEYWORDS & PHRASES
●	●	●
●	●	●
●	●	●
●	●	●
●	●	●

VISUAL OVERVIEW

CONCLUSION

MY DREAM

_____
_____
_____
_____
_____
_____
_____
_____
_____
_____
_____
_____
_____
_____
_____
_____

DREAM TYPE:							SUBTYPE(S):					
1	2	3	4	5	6	7	8	9	10	11	12	15/30/45 AM/PM
PHYSIOLOGICAL							**PSYCHOLOGICAL**					

EMOTIONS

BEGINNING	MIDDLE	END
LITERAL:	**SYMBOLIC:**	**KEYWORDS & PHRASES**
•	•	•
•	•	•
•	•	•
•	•	•
•	•	•

VISUAL OVERVIEW

CONCLUSION

MY DREAM

DREAM TYPE: | **SUBTYPE(S):**

1 2 3 4 5 6 7 8 9 10 11 12 | 15/30/45 | AM/PM

PHYSIOLOGICAL | **PSYCHOLOGICAL**

EMOTIONS

BEGINNING | MIDDLE | END

LITERAL: | **SYMBOLIC:** | **KEYWORDS & PHRASES**
- | - | -
- | - | -
- | - | -
- | - | -
- | - | -

VISUAL OVERVIEW

CONCLUSION

MY DREAM

DREAM TYPE:												SUBTYPE(S):			
1	2	3	4	5	6	7	8	9	10	11	12	15/30/45		AM/PM	

PHYSIOLOGICAL	PSYCHOLOGICAL

EMOTIONS

BEGINNING	MIDDLE	END
LITERAL:	**SYMBOLIC:**	**KEYWORDS & PHRASES**
•	•	•
•	•	•
•	•	•
•	•	•
•	•	•

VISUAL OVERVIEW

CONCLUSION

MY DREAM

DREAM TYPE:									SUBTYPE(S):					
1	2	3	4	5	6	7	8	9	10	11	12	15/30/45		AM/PM
PHYSIOLOGICAL									**PSYCHOLOGICAL**					

EMOTIONS

BEGINNING	MIDDLE	END
LITERAL:	**SYMBOLIC:**	**KEYWORDS & PHRASES**
●	●	●
●	●	●
●	●	●
●	●	●
●	●	●

VISUAL OVERVIEW

CONCLUSION

MY DREAM

_____
_____
_____
_____
_____
_____
_____
_____
_____
_____
_____
_____
_____
_____
_____
_____
_____

DREAM TYPE:												SUBTYPE(S):		
1	2	3	4	5	6	7	8	9	10	11	12		15/30/45	AM/PM
PHYSIOLOGICAL						**PSYCHOLOGICAL**								
EMOTIONS														

BEGINNING	MIDDLE	END
LITERAL:	**SYMBOLIC:**	**KEYWORDS & PHRASES**
●	●	●
●	●	●
●	●	●
●	●	●
●	●	●

VISUAL OVERVIEW

CONCLUSION

MY DREAM

DREAM TYPE:	**SUBTYPE(S):**

1	2	3	4	5	6	7	8	9	10	11	12	15/30/45	AM/PM

PHYSIOLOGICAL	PSYCHOLOGICAL

EMOTIONS

BEGINNING	MIDDLE	END
LITERAL:	**SYMBOLIC:**	**KEYWORDS & PHRASES**
•	•	•
•	•	•
•	•	•
•	•	•
•	•	•

VISUAL OVERVIEW

CONCLUSION

MY DREAM

DREAM TYPE:	SUBTYPE(S):		
1 2 3 4 5 6 7 8 9 10 11 12		15/30/45	AM/PM
PHYSIOLOGICAL		**PSYCHOLOGICAL**	
EMOTIONS			
BEGINNING	MIDDLE		END

LITERAL:	SYMBOLIC:	KEYWORDS & PHRASES
•	•	•
•	•	•
•	•	•
•	•	•
•	•	•

VISUAL OVERVIEW

CONCLUSION

MY DREAM

DREAM TYPE:										SUBTYPE(S):				
1	2	3	4	5	6	7	8	9	10	11	12	15/30/45	AM/PM

PHYSIOLOGICAL	PSYCHOLOGICAL

EMOTIONS

BEGINNING	MIDDLE	END
LITERAL:	**SYMBOLIC:**	**KEYWORDS & PHRASES**
•	•	•
•	•	•
•	•	•
•	•	•
•	•	•

VISUAL OVERVIEW

CONCLUSION

MY DREAM

DREAM TYPE:												SUBTYPE(S):		
1	2	3	4	5	6	7	8	9	10	11	12	15/30/45		AM/PM

PHYSIOLOGICAL	PSYCHOLOGICAL

EMOTIONS

BEGINNING	MIDDLE	END
LITERAL:	**SYMBOLIC:**	**KEYWORDS & PHRASES**
•	•	•
•	•	•
•	•	•
•	•	•
•	•	•

VISUAL OVERVIEW

CONCLUSION

MY DREAM

DREAM TYPE:											SUBTYPE(S):			
1	2	3	4	5	6	7	8	9	10	11	12	15/30/45		AM/PM
PHYSIOLOGICAL											**PSYCHOLOGICAL**			

EMOTIONS

BEGINNING	MIDDLE	END
LITERAL:	**SYMBOLIC:**	**KEYWORDS & PHRASES**
•	•	•
•	•	•
•	•	•
•	•	•
•	•	•

VISUAL OVERVIEW

CONCLUSION

MY DREAM

DREAM TYPE:									SUBTYPE(S):				
1	2	3	4	5	6	7	8	9	10	11	12	15/30/45	AM/PM
PHYSIOLOGICAL									**PSYCHOLOGICAL**				

EMOTIONS

BEGINNING	MIDDLE	END
LITERAL:	**SYMBOLIC:**	**KEYWORDS & PHRASES**
•	•	•
•	•	•
•	•	•
•	•	•
•	•	•

VISUAL OVERVIEW

CONCLUSION

MY DREAM

DREAM TYPE:									SUBTYPE(S):				
1	2	3	4	5	6	7	8	9	10	11	12	15/30/45	AM/PM
PHYSIOLOGICAL									**PSYCHOLOGICAL**				

EMOTIONS

BEGINNING	MIDDLE	END
LITERAL:	**SYMBOLIC:**	**KEYWORDS & PHRASES**
•	•	•
•	•	•
•	•	•
•	•	•
•	•	•

VISUAL OVERVIEW

CONCLUSION

MY DREAM

DREAM TYPE:									SUBTYPE(S):					
1	2	3	4	5	6	7	8	9	10	11	12	15/30/45	AM/PM
PHYSIOLOGICAL									**PSYCHOLOGICAL**				

EMOTIONS

BEGINNING	MIDDLE	END
LITERAL:	**SYMBOLIC:**	**KEYWORDS & PHRASES**
•	•	•
•	•	•
•	•	•
•	•	•
•	•	•

VISUAL OVERVIEW

CONCLUSION

MY DREAM

DREAM TYPE:										SUBTYPE(S):				
1	2	3	4	5	6	7	8	9	10	11	12		15/30/45	AM/PM

PHYSIOLOGICAL	PSYCHOLOGICAL

EMOTIONS

BEGINNING	MIDDLE	END
LITERAL:	**SYMBOLIC:**	**KEYWORDS & PHRASES**
•	•	•
•	•	•
•	•	•
•	•	•
•	•	•

VISUAL OVERVIEW

CONCLUSION

MY DREAM

DREAM TYPE:											SUBTYPE(S):			
1	2	3	4	5	6	7	8	9	10	11	12		15/30/45	AM/PM
PHYSIOLOGICAL											**PSYCHOLOGICAL**			

EMOTIONS

BEGINNING	MIDDLE	END
LITERAL:	**SYMBOLIC:**	**KEYWORDS & PHRASES**
•	•	•
•	•	•
•	•	•
•	•	•
•	•	•

VISUAL OVERVIEW

CONCLUSION

MY DREAM

DREAM TYPE:	SUBTYPE(S):		
1 2 3 4 5 6 7 8 9 10 11 12		15/30/45	AM/PM
PHYSIOLOGICAL	PSYCHOLOGICAL		

EMOTIONS

BEGINNING	MIDDLE	END
LITERAL:	SYMBOLIC:	KEYWORDS & PHRASES
•	•	•
•	•	•
•	•	•
•	•	•
•	•	•

VISUAL OVERVIEW

CONCLUSION

MY DREAM

DREAM TYPE:											SUBTYPE(S):				
1	2	3	4	5	6	7	8	9	10	11	12		15/30/45		AM/PM
PHYSIOLOGICAL											**PSYCHOLOGICAL**				

EMOTIONS

BEGINNING	MIDDLE	END
LITERAL:	**SYMBOLIC:**	**KEYWORDS & PHRASES**
•	•	•
•	•	•
•	•	•
•	•	•
•	•	•

VISUAL OVERVIEW

CONCLUSION

MY DREAM

DREAM TYPE:											SUBTYPE(S):			
1	2	3	4	5	6	7	8	9	10	11	12	15/30/45	AM/PM

PHYSIOLOGICAL	PSYCHOLOGICAL

EMOTIONS

BEGINNING	MIDDLE	END

LITERAL:	SYMBOLIC:	KEYWORDS & PHRASES
•	•	•
•	•	•
•	•	•
•	•	•
•	•	•

VISUAL OVERVIEW

CONCLUSION

MY DREAM

DREAM TYPE:												SUBTYPE(S):		
1	2	3	4	5	6	7	8	9	10	11	12		15/30/45	AM/PM

PHYSIOLOGICAL	PSYCHOLOGICAL

EMOTIONS

BEGINNING	MIDDLE	END
LITERAL:	**SYMBOLIC:**	**KEYWORDS & PHRASES**
•	•	•
•	•	•
•	•	•
•	•	•
•	•	•

VISUAL OVERVIEW

CONCLUSION

MY DREAM

DREAM TYPE:											SUBTYPE(S):			
1	2	3	4	5	6	7	8	9	10	11	12	15/30/45	AM/PM

PHYSIOLOGICAL	PSYCHOLOGICAL

EMOTIONS

BEGINNING	MIDDLE	END
LITERAL:	**SYMBOLIC:**	**KEYWORDS & PHRASES**
•	•	•
•	•	•
•	•	•
•	•	•
•	•	•

VISUAL OVERVIEW

CONCLUSION

MY DREAM

DREAM TYPE:											SUBTYPE(S):			
1	2	3	4	5	6	7	8	9	10	11	12		15/30/45	AM/PM
PHYSIOLOGICAL							**PSYCHOLOGICAL**							
EMOTIONS														

BEGINNING	MIDDLE	END
LITERAL:	**SYMBOLIC:**	**KEYWORDS & PHRASES**
•	•	•
•	•	•
•	•	•
•	•	•
•	•	•

VISUAL OVERVIEW

CONCLUSION

MY DREAM

DREAM TYPE:												**SUBTYPE(S):**			
1	2	3	4	5	6	7	8	9	10	11	12		15/30/45		AM/PM
PHYSIOLOGICAL								**PSYCHOLOGICAL**							

EMOTIONS

BEGINNING	MIDDLE	END
LITERAL:	**SYMBOLIC:**	**KEYWORDS & PHRASES**
•	•	•
•	•	•
•	•	•
•	•	•
•	•	•

VISUAL OVERVIEW

CONCLUSION

MY DREAM

DREAM TYPE:												**SUBTYPE(S):**		
1	2	3	4	5	6	7	8	9	10	11	12	15/30/45		AM/PM

PHYSIOLOGICAL	**PSYCHOLOGICAL**

EMOTIONS

BEGINNING	MIDDLE	END
LITERAL:	**SYMBOLIC:**	**KEYWORDS & PHRASES**
•	•	•
•	•	•
•	•	•
•	•	•
•	•	•

VISUAL OVERVIEW

CONCLUSION

MY DREAM

DREAM TYPE:											**SUBTYPE(S):**			
1	2	3	4	5	6	7	8	9	10	11	12	15/30/45	AM/PM
PHYSIOLOGICAL											**PSYCHOLOGICAL**			

EMOTIONS

BEGINNING	MIDDLE	END
LITERAL:	**SYMBOLIC:**	**KEYWORDS & PHRASES**
•	•	•
•	•	•
•	•	•
•	•	•
•	•	•

VISUAL OVERVIEW

CONCLUSION

MY DREAM

DREAM TYPE:	SUBTYPE(S):		
1 2 3 4 5 6 7 8 9 10 11 12		15/30/45	AM/PM
PHYSIOLOGICAL		**PSYCHOLOGICAL**	
EMOTIONS			
BEGINNING	MIDDLE	END	
LITERAL:	**SYMBOLIC:**	**KEYWORDS & PHRASES**	
•	•	•	
•	•	•	
•	•	•	
•	•	•	
•	•	•	

VISUAL OVERVIEW

CONCLUSION

MY DREAM

DREAM TYPE:											SUBTYPE(S):			
1	2	3	4	5	6	7	8	9	10	11	12		15/30/45	AM/PM

PHYSIOLOGICAL	PSYCHOLOGICAL

EMOTIONS

BEGINNING	MIDDLE	END
LITERAL:	**SYMBOLIC:**	**KEYWORDS & PHRASES**
•	•	•
•	•	•
•	•	•
•	•	•
•	•	•

VISUAL OVERVIEW

CONCLUSION

MY DREAM

DREAM TYPE:											SUBTYPE(S):				
1	2	3	4	5	6	7	8	9	10	11	12		15/30/45		AM/PM
PHYSIOLOGICAL										**PSYCHOLOGICAL**					

EMOTIONS

BEGINNING	MIDDLE	END
LITERAL:	**SYMBOLIC:**	**KEYWORDS & PHRASES**
•	•	•
•	•	•
•	•	•
•	•	•
•	•	•

VISUAL OVERVIEW

CONCLUSION

MY DREAM

DREAM TYPE:											SUBTYPE(S):			
1	2	3	4	5	6	7	8	9	10	11	12	15/30/45	AM/PM

PHYSIOLOGICAL	PSYCHOLOGICAL

EMOTIONS

BEGINNING	MIDDLE	END
LITERAL:	**SYMBOLIC:**	**KEYWORDS & PHRASES**
•	•	•
•	•	•
•	•	•
•	•	•
•	•	•

VISUAL OVERVIEW

CONCLUSION

MY DREAM

DREAM TYPE:											SUBTYPE(S):			
1	2	3	4	5	6	7	8	9	10	11	12	15/30/45		AM/PM

PHYSIOLOGICAL	PSYCHOLOGICAL

EMOTIONS

BEGINNING	MIDDLE	END
LITERAL:	**SYMBOLIC:**	**KEYWORDS & PHRASES**
•	•	•
•	•	•
•	•	•
•	•	•
•	•	•

VISUAL OVERVIEW

CONCLUSION

MY DREAM

DREAM TYPE:												SUBTYPE(S):		
1	2	3	4	5	6	7	8	9	10	11	12	15/30/45		AM/PM

PHYSIOLOGICAL	PSYCHOLOGICAL

EMOTIONS

BEGINNING	MIDDLE	END
LITERAL:	**SYMBOLIC:**	**KEYWORDS & PHRASES**
•	•	•
•	•	•
•	•	•
•	•	•
•	•	•

VISUAL OVERVIEW

CONCLUSION

MY DREAM

DREAM TYPE:											SUBTYPE(S):				
1	2	3	4	5	6	7	8	9	10	11	12		15/30/45		AM/PM
PHYSIOLOGICAL											**PSYCHOLOGICAL**				

EMOTIONS

BEGINNING	MIDDLE	END
LITERAL:	**SYMBOLIC:**	**KEYWORDS & PHRASES**
•	•	•
•	•	•
•	•	•
•	•	•
•	•	•

VISUAL OVERVIEW

CONCLUSION

MY DREAM

DREAM TYPE:										SUBTYPE(S):				
1	2	3	4	5	6	7	8	9	10	11	12	15/30/45		AM/PM
PHYSIOLOGICAL										**PSYCHOLOGICAL**				

EMOTIONS

BEGINNING	MIDDLE	END
LITERAL:	**SYMBOLIC:**	**KEYWORDS & PHRASES**
•	•	•
•	•	•
•	•	•
•	•	•
•	•	•

VISUAL OVERVIEW

CONCLUSION

MY DREAM

DREAM TYPE:									SUBTYPE(S):					
1	2	3	4	5	6	7	8	9	10	11	12		15/30/45	AM/PM

PHYSIOLOGICAL	PSYCHOLOGICAL

EMOTIONS

BEGINNING	MIDDLE	END
LITERAL:	**SYMBOLIC:**	**KEYWORDS & PHRASES**
•	•	•
•	•	•
•	•	•
•	•	•
•	•	•

VISUAL OVERVIEW

CONCLUSION

MY DREAM

DREAM TYPE:											SUBTYPE(S):			
1	2	3	4	5	6	7	8	9	10	11	12		15/30/45	AM/PM

PHYSIOLOGICAL	PSYCHOLOGICAL

EMOTIONS

BEGINNING	MIDDLE	END
LITERAL:	**SYMBOLIC:**	**KEYWORDS & PHRASES**
•	•	•
•	•	•
•	•	•
•	•	•
•	•	•

VISUAL OVERVIEW

CONCLUSION

MY DREAM

DREAM TYPE:									**SUBTYPE(S):**					
1	2	3	4	5	6	7	8	9	10	11	12		15/30/45	AM/PM
PHYSIOLOGICAL							**PSYCHOLOGICAL**							

EMOTIONS

BEGINNING	MIDDLE	END
LITERAL:	**SYMBOLIC:**	**KEYWORDS & PHRASES**
•	•	•
•	•	•
•	•	•
•	•	•
•	•	•

VISUAL OVERVIEW

CONCLUSION

MY DREAM

DREAM TYPE:												SUBTYPE(S):		
1	2	3	4	5	6	7	8	9	10	11	12	15/30/45		AM/PM
PHYSIOLOGICAL												**PSYCHOLOGICAL**		

EMOTIONS

BEGINNING	MIDDLE	END
LITERAL:	**SYMBOLIC:**	**KEYWORDS & PHRASES**
•	•	•
•	•	•
•	•	•
•	•	•
•	•	•

VISUAL OVERVIEW

CONCLUSION

MY DREAM

DREAM TYPE:										SUBTYPE(S):				
1	2	3	4	5	6	7	8	9	10	11	12	15/30/45		AM/PM
PHYSIOLOGICAL										**PSYCHOLOGICAL**				

EMOTIONS

BEGINNING	MIDDLE	END
LITERAL:	**SYMBOLIC:**	**KEYWORDS & PHRASES**
•	•	•
•	•	•
•	•	•
•	•	•
•	•	•

VISUAL OVERVIEW

CONCLUSION

MY DREAM

DREAM TYPE:	**SUBTYPE(S):**
1 2 3 4 5 6 7 8 9 10 11 12	15/30/45 AM/PM
PHYSIOLOGICAL	**PSYCHOLOGICAL**

EMOTIONS

BEGINNING	MIDDLE	END
LITERAL:	**SYMBOLIC:**	**KEYWORDS & PHRASES**
•	•	•
•	•	•
•	•	•
•	•	•
•	•	•

VISUAL OVERVIEW

CONCLUSION

MY DREAM

DREAM TYPE:												SUBTYPE(S):			
1	2	3	4	5	6	7	8	9	10	11	12	15/30/45			AM/PM
PHYSIOLOGICAL												**PSYCHOLOGICAL**			

EMOTIONS

BEGINNING	MIDDLE	END
LITERAL:	**SYMBOLIC:**	**KEYWORDS & PHRASES**
•	•	•
•	•	•
•	•	•
•	•	•
•	•	•

VISUAL OVERVIEW

CONCLUSION

MY DREAM

DREAM TYPE:	SUBTYPE(S):		
1 2 3 4 5 6 7 8 9 10 11 12		15/30/45	AM/PM
PHYSIOLOGICAL		**PSYCHOLOGICAL**	

EMOTIONS

BEGINNING	MIDDLE	END
LITERAL:	**SYMBOLIC:**	**KEYWORDS & PHRASES**
•	•	•
•	•	•
•	•	•
•	•	•
•	•	•

VISUAL OVERVIEW

CONCLUSION

MY DREAM

DREAM TYPE:											SUBTYPE(S):			
1	2	3	4	5	6	7	8	9	10	11	12		15/30/45	AM/PM
PHYSIOLOGICAL											**PSYCHOLOGICAL**			

EMOTIONS

BEGINNING	MIDDLE	END
LITERAL:	**SYMBOLIC:**	**KEYWORDS & PHRASES**
•	•	•
•	•	•
•	•	•
•	•	•
•	•	•

VISUAL OVERVIEW

CONCLUSION

MY DREAM

DREAM TYPE:												**SUBTYPE(S):**			
1	2	3	4	5	6	7	8	9	10	11	12	15/30/45		AM/PM	

PHYSIOLOGICAL	**PSYCHOLOGICAL**

EMOTIONS

BEGINNING	MIDDLE	END
LITERAL:	**SYMBOLIC:**	**KEYWORDS & PHRASES**
•	•	•
•	•	•
•	•	•
•	•	•
•	•	•

VISUAL OVERVIEW

CONCLUSION

MY DREAM

DREAM TYPE:										**SUBTYPE(S):**				
1	2	3	4	5	6	7	8	9	10	11	12		15/30/45	AM/PM
PHYSIOLOGICAL										**PSYCHOLOGICAL**				

EMOTIONS

BEGINNING	MIDDLE	END
LITERAL:	**SYMBOLIC:**	**KEYWORDS & PHRASES**
•	•	•
•	•	•
•	•	•
•	•	•
•	•	•

VISUAL OVERVIEW

CONCLUSION

MY DREAM

DREAM TYPE:	SUBTYPE(S):		
1 2 3 4 5 6 7 8 9 10 11 12	15/30/45	AM/PM
PHYSIOLOGICAL	**PSYCHOLOGICAL**		

EMOTIONS

BEGINNING	MIDDLE	END
LITERAL:	**SYMBOLIC:**	**KEYWORDS & PHRASES**
•	•	•
•	•	•
•	•	•
•	•	•
•	•	•

VISUAL OVERVIEW

CONCLUSION

MY DREAM

DREAM TYPE:	SUBTYPE(S):		
1 2 3 4 5 6 7 8 9 10 11 12		15/30/45	AM/PM
PHYSIOLOGICAL		**PSYCHOLOGICAL**	
EMOTIONS			

BEGINNING	MIDDLE	END
LITERAL:	**SYMBOLIC:**	**KEYWORDS & PHRASES**
•	•	•
•	•	•
•	•	•
•	•	•
•	•	•

VISUAL OVERVIEW

CONCLUSION

MY DREAM

DREAM TYPE:												SUBTYPE(S):			
1	2	3	4	5	6	7	8	9	10	11	12	15/30/45			AM/PM
PHYSIOLOGICAL												**PSYCHOLOGICAL**			

EMOTIONS

BEGINNING	MIDDLE	END
LITERAL:	**SYMBOLIC:**	**KEYWORDS & PHRASES**
•	•	•
•	•	•
•	•	•
•	•	•
•	•	•

VISUAL OVERVIEW

CONCLUSION

MY DREAM

DREAM TYPE:		**SUBTYPE(S):**
1 2 3 4 5 6 7 8 9 10 11 12	15/30/45	AM/PM
PHYSIOLOGICAL		**PSYCHOLOGICAL**

EMOTIONS

BEGINNING	MIDDLE	END
LITERAL:	**SYMBOLIC:**	**KEYWORDS & PHRASES**
•	•	•
•	•	•
•	•	•
•	•	•
•	•	•

VISUAL OVERVIEW

CONCLUSION

MY DREAM

DREAM TYPE:												SUBTYPE(S):		
1	2	3	4	5	6	7	8	9	10	11	12		15/30/45	AM/PM

PHYSIOLOGICAL	PSYCHOLOGICAL

EMOTIONS

BEGINNING	MIDDLE	END
LITERAL:	**SYMBOLIC:**	**KEYWORDS & PHRASES**
•	•	•
•	•	•
•	•	•
•	•	•
•	•	•

VISUAL OVERVIEW

CONCLUSION

MY DREAM

DREAM TYPE:	SUBTYPE(S):		
1 2 3 4 5 6 7 8 9 10 11 12		15/30/45	AM/PM
PHYSIOLOGICAL	PSYCHOLOGICAL		

EMOTIONS

BEGINNING	MIDDLE	END
LITERAL:	**SYMBOLIC:**	**KEYWORDS & PHRASES**
•	•	•
•	•	•
•	•	•
•	•	•
•	•	•

VISUAL OVERVIEW

CONCLUSION

MY DREAM

DREAM TYPE:	SUBTYPE(S):		
1 2 3 4 5 6 7 8 9 10 11 12		15/30/45	AM/PM
PHYSIOLOGICAL		**PSYCHOLOGICAL**	

EMOTIONS

BEGINNING	MIDDLE	END
LITERAL:	**SYMBOLIC:**	**KEYWORDS & PHRASES**
•	•	•
•	•	•
•	•	•
•	•	•
•	•	•

VISUAL OVERVIEW

CONCLUSION

MY DREAM

DREAM TYPE:											SUBTYPE(S):			
1	2	3	4	5	6	7	8	9	10	11	12	15/30/45		AM/PM
PHYSIOLOGICAL											**PSYCHOLOGICAL**			

EMOTIONS

BEGINNING	MIDDLE	END
LITERAL:	**SYMBOLIC:**	**KEYWORDS & PHRASES**
•	•	•
•	•	•
•	•	•
•	•	•
•	•	•

VISUAL OVERVIEW

CONCLUSION

MY DREAM

DREAM TYPE:									SUBTYPE(S):					
1	2	3	4	5	6	7	8	9	10	11	12	15/30/45	AM/PM	
PHYSIOLOGICAL									**PSYCHOLOGICAL**					
EMOTIONS														
BEGINNING					MIDDLE					END				
LITERAL:					**SYMBOLIC:**					**KEYWORDS & PHRASES**				
•					•					•				
•					•					•				
•					•					•				
•					•					•				
•					•					•				

VISUAL OVERVIEW

CONCLUSION

MY DREAM

DREAM TYPE:											SUBTYPE(S):			
1	2	3	4	5	6	7	8	9	10	11	12	15/30/45	AM/PM
PHYSIOLOGICAL											**PSYCHOLOGICAL**			

EMOTIONS

BEGINNING	MIDDLE	END
LITERAL:	**SYMBOLIC:**	**KEYWORDS & PHRASES**
•	•	•
•	•	•
•	•	•
•	•	•
•	•	•

VISUAL OVERVIEW

CONCLUSION

MY DREAM

DREAM TYPE:												**SUBTYPE(S):**		
1	2	3	4	5	6	7	8	9	10	11	12	15/30/45		AM/PM
PHYSIOLOGICAL												**PSYCHOLOGICAL**		

EMOTIONS

BEGINNING	MIDDLE	END
LITERAL:	**SYMBOLIC:**	**KEYWORDS & PHRASES**
•	•	•
•	•	•
•	•	•
•	•	•
•	•	•

VISUAL OVERVIEW

CONCLUSION

MY DREAM

DREAM TYPE:									SUBTYPE(S):					
1	2	3	4	5	6	7	8	9	10	11	12		15/30/45	AM/PM
PHYSIOLOGICAL									**PSYCHOLOGICAL**					

EMOTIONS

BEGINNING	MIDDLE	END
LITERAL:	**SYMBOLIC:**	**KEYWORDS & PHRASES**
•	•	•
•	•	•
•	•	•
•	•	•
•	•	•

VISUAL OVERVIEW

CONCLUSION

MY DREAM

DREAM TYPE:												SUBTYPE(S):		
1	2	3	4	5	6	7	8	9	10	11	12	15/30/45		AM/PM

PHYSIOLOGICAL	PSYCHOLOGICAL

EMOTIONS

BEGINNING	MIDDLE	END
LITERAL:	**SYMBOLIC:**	**KEYWORDS & PHRASES**
•	•	•
•	•	•
•	•	•
•	•	•
•	•	•

VISUAL OVERVIEW

CONCLUSION

MY DREAM

DREAM TYPE:										SUBTYPE(S):				
1	2	3	4	5	6	7	8	9	10	11	12	15/30/45		AM/PM
PHYSIOLOGICAL									**PSYCHOLOGICAL**					

EMOTIONS

BEGINNING	MIDDLE	END
LITERAL:	**SYMBOLIC:**	**KEYWORDS & PHRASES**
•	•	•
•	•	•
•	•	•
•	•	•
•	•	•

VISUAL OVERVIEW

CONCLUSION

MY DREAM

DREAM TYPE:											SUBTYPE(S):			
1	2	3	4	5	6	7	8	9	10	11	12	15/30/45		AM/PM
PHYSIOLOGICAL											**PSYCHOLOGICAL**			

EMOTIONS

BEGINNING	MIDDLE	END
LITERAL:	**SYMBOLIC:**	**KEYWORDS & PHRASES**
•	•	•
•	•	•
•	•	•
•	•	•
•	•	•

VISUAL OVERVIEW

CONCLUSION

MY DREAM

_____
_____
_____
_____
_____
_____
_____
_____
_____
_____
_____
_____
_____
_____
_____
_____
_____

DREAM TYPE:	SUBTYPE(S):		
1 2 3 4 5 6 7 8 9 10 11 12		15/30/45	AM/PM
PHYSIOLOGICAL	PSYCHOLOGICAL		

EMOTIONS

BEGINNING	MIDDLE	END
LITERAL:	SYMBOLIC:	KEYWORDS & PHRASES
•	•	•
•	•	•
•	•	•
•	•	•
•	•	•

VISUAL OVERVIEW

CONCLUSION

MY DREAM

DREAM TYPE:											SUBTYPE(S):			
1	2	3	4	5	6	7	8	9	10	11	12	15/30/45	AM/PM

PHYSIOLOGICAL	PSYCHOLOGICAL

EMOTIONS

BEGINNING	MIDDLE	END
LITERAL:	**SYMBOLIC:**	**KEYWORDS & PHRASES**
•	•	•
•	•	•
•	•	•
•	•	•
•	•	•

VISUAL OVERVIEW

CONCLUSION

MY DREAM

DREAM TYPE:									SUBTYPE(S):				
1	2	3	4	5	6	7	8	9	10	11	12	15/30/45	AM/PM
PHYSIOLOGICAL									**PSYCHOLOGICAL**				

EMOTIONS

BEGINNING	MIDDLE	END
LITERAL:	**SYMBOLIC:**	**KEYWORDS & PHRASES**
•	•	•
•	•	•
•	•	•
•	•	•
•	•	•

VISUAL OVERVIEW

CONCLUSION

MY DREAM

_____
_____
_____
_____
_____
_____
_____
_____
_____
_____
_____
_____
_____
_____
_____
_____
_____

DREAM TYPE:												**SUBTYPE(S):**		
1	2	3	4	5	6	7	8	9	10	11	12	15/30/45		AM/PM
PHYSIOLOGICAL							**PSYCHOLOGICAL**							
EMOTIONS														

BEGINNING	MIDDLE	END
LITERAL:	**SYMBOLIC:**	**KEYWORDS & PHRASES**
•	•	•
•	•	•
•	•	•
•	•	•
•	•	•

VISUAL OVERVIEW

CONCLUSION

MY DREAM

DREAM TYPE:												SUBTYPE(S):			
1	2	3	4	5	6	7	8	9	10	11	12	15/30/45		AM/PM	

PHYSIOLOGICAL	PSYCHOLOGICAL

EMOTIONS

BEGINNING	MIDDLE	END
LITERAL:	**SYMBOLIC:**	**KEYWORDS & PHRASES**
•	•	•
•	•	•
•	•	•
•	•	•
•	•	•

VISUAL OVERVIEW

CONCLUSION

MY DREAM

DREAM TYPE:	SUBTYPE(S):		
1 2 3 4 5 6 7 8 9 10 11 12		15/30/45	AM/PM
PHYSIOLOGICAL	**PSYCHOLOGICAL**		

EMOTIONS

BEGINNING	MIDDLE	END
LITERAL:	**SYMBOLIC:**	**KEYWORDS & PHRASES**
•	•	•
•	•	•
•	•	•
•	•	•
•	•	•

VISUAL OVERVIEW

CONCLUSION

MY DREAM

DREAM TYPE:											SUBTYPE(S):				
1	2	3	4	5	6	7	8	9	10	11	12		15/30/45		AM/PM

PHYSIOLOGICAL	PSYCHOLOGICAL

EMOTIONS

BEGINNING	MIDDLE	END
LITERAL:	**SYMBOLIC:**	**KEYWORDS & PHRASES**
•	•	•
•	•	•
•	•	•
•	•	•
•	•	•

VISUAL OVERVIEW

CONCLUSION

MY DREAM

DREAM TYPE:												SUBTYPE(S):		
1	2	3	4	5	6	7	8	9	10	11	12	15/30/45		AM/PM
PHYSIOLOGICAL												**PSYCHOLOGICAL**		

EMOTIONS

BEGINNING	MIDDLE	END
LITERAL:	**SYMBOLIC:**	**KEYWORDS & PHRASES**
•	•	•
•	•	•
•	•	•
•	•	•
•	•	•

VISUAL OVERVIEW

CONCLUSION

MY DREAM

DREAM TYPE:												SUBTYPE(S):		
1	2	3	4	5	6	7	8	9	10	11	12		15/30/45	AM/PM
PHYSIOLOGICAL												**PSYCHOLOGICAL**		

EMOTIONS

BEGINNING	MIDDLE	END
LITERAL:	**SYMBOLIC:**	**KEYWORDS & PHRASES**
•	•	•
•	•	•
•	•	•
•	•	•
•	•	•

VISUAL OVERVIEW

CONCLUSION

MY DREAM

DREAM TYPE:	**SUBTYPE(S):**
1 2 3 4 5 6 7 8 9 10 11 12	15/30/45	AM/PM

PHYSIOLOGICAL	**PSYCHOLOGICAL**

EMOTIONS

BEGINNING	MIDDLE	END
LITERAL:	**SYMBOLIC:**	**KEYWORDS & PHRASES**
•	•	•
•	•	•
•	•	•
•	•	•
•	•	•

VISUAL OVERVIEW

CONCLUSION

Sometimes dreams are wiser than waking. - *Black Elk*

 Britt Sheflin C.Ht. is a Certified Hypnotherapist, proud member of the Hypnotherapists Union Local 472, honors graduate of HMI College of Hypnotherapy, and advocate of the importance of dreams. When not dreaming, Britt can be found assisting her clients through dream therapy, or hiking in the mountains with her family.

www.ingramcontent.com/pod-product-compliance
Lightning Source LLC
Chambersburg PA
CBHW070255010526
44107CB00056B/2465